AF278556

LE
PACTE D'ALLIANCE

LETTRES

ÉCHANGÉES ENTRE

L'AVENIR NATIONAL

ET LE

PRINCE NAPOLÉON

Le 27/6 Septembre 1873

Prix : 5 Centimes

EN VENTE

CHEZ TOUS LES LIBRAIRES DE PARIS

ET DES DÉPARTEMENTS

1873

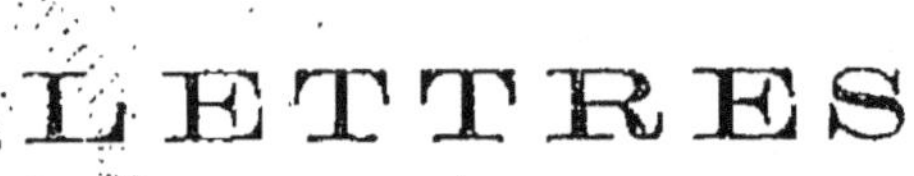

LE
PACTE D'ALLIANCE

Lettre au Prince Napoléon

> Puisque aujourd'hui la fortune impériale est devenue solidaire de la Révolution ; puisqu'il s'agit de la gloire de votre nom autant que de l'intérêt démocratique et social, l'heure est venue de fouler aux pieds tout puritanisme, et de sortir des réserves de l'amour-propre. Quand l'étranger envahit la France, un républicain austère, Carnot, s'offrit à l'empereur pour la défense de ses places. A présent que la contre-révolution du dedans et du dehors nous écrase, il est temps que républicains et impériaux entrent en explication.
>
> Nous sommes effrayés, et à bon escient. Ce qui se passe, au dedans et au dehors, trahit un système dont la pensée est trop claire et le but trop proche.........
> ..... Cette communauté d'intérêts qui unit en ce moment votre destinée à celle de la Révolution est mon excuse : qu'elle serve de passe-port à la présente !
>
> P.-J. PROUDHON.
>
> (*Lettre au prince Napoléon, le 7 janvier* 1853.)

Prince,

La France approche d'une heure solennelle, dans laquelle il sera peut-être décidé de ses destinées par des députés élus, comme l'a dit un ministre, dans un jour de malheur. Une ligue s'est formée, réunissant une partie de cette classe qui se nomme elle-même dirigeante et prétend faire de l'Etat, c'est-à-dire des prérogatives, des priviléges, des avantages du pouvoir, sa propriété à l'exclusion du reste du pays.

Cette Ligue a la volonté et l'espoir d'accomplir un événement qui serait une révolution véritable et nouvelle ; une révolution des plus étranges que l'histoire ait connues ; une révolution dont la conséquence et le but ne seraient pas de réaliser certaines réformes, certains progrès dans la constitution politique et sociale de la France, mais bien une révolution qui a pour programme et devrait avoir pour effet de restaurer au profit d'une sorte de nouvelle féodalité nobiliaire, parlementaire, cléricale et réactionnaire, la royauté de droit divin, réalisant dans le domaine politique les doctrines de l'Eglise romaine.

Il ne s'agit donc de rien moins que d'annuler par un fait parlementaire la Révolution française, les principes, les institutions, le droit public qui en ont été la conséquence et qui ont fait la vie nationale de la France depuis quatre-vingts ans. Ce n'est pas seulement contre une forme gouvernementale, contre certains hommes politiques, contre une fraction de l'opinion publique ou l'un des partis qui ont pris leur origine dans le mouvement national de 1789 que la lutte est engagée. C'est contre une nation entière, — c'est contre la Révolution elle-même.

Il n'est sans doute pas besoin d'insister sur cette situation et ses conséquences près d'un homme qui a été placé assez près du pouvoir pour connaître les lois générales de la politique, et qui doit être convaincu par le plus simple examen des faits que nous sommes à la veille d'une lutte décisive entre la réaction monarchique, aristocratique, cléricale, et l'esprit démocratique moderne, — entre ce qui s'appelle le droit divin et le droit populaire.

A cette Ligue formée pour combattre et anéantir non-seulement les institutions de la Révolution française, mais jusqu'à son idée exprimée par la *Déclaration des Droits de l'homme et du citoyen*, il est nécessaire d'opposer une ligue nouvelle, autrement nombreuse et puissante, formée de tous les partis qui ont pris leur origine dans la Révolution, qui en ont accepté les principes et qui prétendent par des moyens différents réaliser les espérances du peuple, de la démocratie française.

Il est nécessaire de former cette Ligue. Elle seule, dans la situation présente, peut faire reculer les artisans de restauration et de réaction. Il est de l'intérêt de tous les partis— c'est aussi leur devoir — d'oublier leurs dissensions pour ne songer qu'au péril commun et au salut de la patrie. Tous ces partis, obéissant aux plus regrettables préjugés, n'ont-ils pas tour à tour travaillé à dépouiller la nation, au profit de l'Etat, de la puissance qu'elle pourrait aujourd'hui employer pour résister à l'entreprise qu'on prépare contre elle et pour la rendre même impossible ?

Les princes de la maison de Bourbon et les parlementaires de la monarchie de Juillet nous ont donné un exemple que nous devons à la fois méditer et suivre. Il y avait entre eux des souvenirs pénibles, honteux et sanglants. Les héritiers du régicide Philippe-Egalité, reniant leurs traditions et le testament paternel, ont porté leurs hommages au fils de la duchesse de Berry, officiellement déshonorée par la monarchie de Juillet. Les ducs se sont alliés à des parvenus, et les doctrinaires du parlementarisme, oubliant l'arrestation de Manuel, la mort de Paul-Louis et les Ordonnances, ont signé le pacte avec les légitimistes et les cléricaux qui feignent de ne pas se souvenir du pillage des châteaux de la Vendée lors de la seconde chouannerie. Un intérêt semblable a réuni en un parti tous ces représentants et ces artisans de la réaction, qui ont sacrifié au succès de leur entreprise leurs préférences et leurs rancunes.

Princes ou citoyens, hommes d'Etat, journalistes, bourgeois, ouvriers ou paysans, tous ceux qui doivent à la Révolution le titre qu'ils portent, la fonction qu'ils exercent, la liberté du travail dont ils jouissent, la terre qu'ils cultivent, ont à imiter l'exemple qui leur est donné par les fauteurs de restauration. Sacrifiant sur l'autel de la Concorde et de la Patrie leurs prétentions, leurs dissentiments, jusqu'aux souvenirs de leurs haines et de leurs luttes, ils ont à s'allier non-seulement pour défendre les conquêtes et les principes de la Révolution, mais encore pour établir un régime démocratique qui assure, dans le présent et dans l'avenir, la Souveraineté nationale et la place à l'abri de toutes les tentatives usurpatrices d'une politique réactionnaire.

En ce moment, peut-être suprême et décisif, il est du devoir de tout homme, de tout citoyen de prendre parti pour ou contre la Révolution. Le nom que vous portez, loin de vous dispenser de ce devoir, ne fait que le rendre plus impérieux. Vous êtes le représentant, sinon d'une idée, du moins d'une tradition qui, malgré des souvenirs douloureux et de cruels désastres, a conservé une grande part d'influence dans le pays. On peut même dire que cette tradition est la seule qui, avec l'espérance républicaine, partage l'opinion publique. C'est parce que la coalition monarchique sait qu'il en est ainsi, c'est parce qu'elle est convaincue qu'en faisant appel à la Souveraineté nationale, il n'y aurait qu'à choisir entre le règne de la démocratie sous une forme dictatoriale et le régime démocratique du self-gouvernement, qu'elle refuse de consulter le pays.

Pour vous demander de contracter une alliance qui doit réunir en un seul et formidable faisceau, en un immense parti national et démocratique, toutes les forces de l'opinion publique, il faut un courage d'esprit que peut-être vous ne soupçonnez pas, mais que vous comprendrez quand vous prendrez la patriotique résolution de tendre la main à des adversaires que le salut de la République a réconciliés, à M. Thiers et à M. Gambetta en leur disant: « Messieurs, la France de 1789 est en danger ; unissons-nous pour défendre les droits de la France et le drapeau de 1789 ! »

Vous, prince par la grâce de la Révolution, vous tous qui, dans les villes, les campagnes, avez conservé votre sympathie à l'idée napoléonienne, et nous, fils de la Révolution, qui rêvons pour le peuple des réformes à l'aide desquelles il sera maître de lui-même, pour notre patrie une ère nouvelle de liberté et de justice, allons-nous continuer à diviser le pays en deux camps, quand l'armée du droit divin s'apprête à s'emparer du pouvoir ? Allons-nous, par nos luttes stériles et fratricides, permettre la restauration du régime frappé de déchéance en 1789 ? Allons-nous creuser encore, avec nos dissensions et nos haines implacables, l'abîme dans lequel nous devons tomber, entraînant avec nous la patrie mutilée et sanglante ? Attendrons-nous qu'un nouveau désastre honteux ait, comme en 1815, confondu vos traditions et nos espérances ? Attendrons-nous que les mêmes malheurs aient mêlé vos regrets à nos deuils? Attendrons-nous que nous soyons proscrits pour nous unir?

Déjà l'union est faite entre toutes les fractions de l'opinion républicaine qualifiées de libéraux, conservateurs, radicaux et démocrates. Aussi peut-on dire qu'il n'y a plus en France qu'un seul parti républicain. Toute distinction est effacée. Il peut en être de même à l'égard du parti où votre voix ne saurait manquer d'être écoutée et qui, privé de direction, a été à la fois complice et dupe de la coalition du 24 mai. L'union de ces partis, de ces opinions diverses pour la défense des conquêtes de la Révolution française et de la Souveraineté nationale, rendrait à l'opinion publique l'unité sans laquelle toute Nation doit périr, avec l'unité la force ; et l'on peut prédire qu'elle lui donnerait la victoire.

Si, nous élevant au-dessus des préjugés de partis et faisant taire les sentiments qui peuvent nous diviser, nous prenons la liberté de nous adresser à vous, c'est parce que vous êtes le seul représentant de l'idée napoléonienne, capable à l'heure présente et décisive de faire acte d'homme d'Etat. D'ailleurs, votre passé politique vous placerait parmi les citoyens de la démocratie, si votre naissance ne vousavait fait prince. Représentant du peuple, vous avez, en 1848, demandé l'amnistie, affirmant ainsi une politique d'apaisement et de concorde. Membre du Sénat, lorsque le parti clérical essayait, comme aujourd'hui, de courber le gouvernement français sous le joug des prétentions ultramontaines, vous avez prononcé un discours qui eut alors un immense retentissement, que les événements ont rendu prophétique, et qui vous a placé parmi les défenseurs de la liberté de conscience. Général, vous avez eu la bonne fortune, en Crimée et en Italie, d'être un des chefs de l'armée française victorieuse alors, saluée dans son triomphe par les acclamations populaires, parce qu'elle combattait pour la cause de la Révolution, pour l'indépendance d'un peuple. Préoccupé de la gloire la plus sérieuse de la France, de sa gloire industrielle et de la condition du prolétariat, vous avez pris en 1862 l'initiative de ces délégations ouvrières auxquelles l'Assemblée refusait, il y a si peu de temps, un crédit de cent mille francs ; vous avez eu l'honneur de prêter votre concours à cette première manifestation de la capacité politique des classes ouvrières.

Enfin, tandis que l'Empire allait, conduit par la réaction, de la compression dictatoriale au gâchis parlementaire qui devait finir par les désastres de la guerre et de l'invasion, vous êtes demeuré en dehors de toutes les intrigues, rappelant en vain le gouvernement impérial à l'idée napoléonienne et révolutionnaire, combattant avec persévérance la politique cléricale et romaine du *Syllabus*, qui est l'ennemi même de la Révolution et qui, pour en triompher, tente en ce moment un suprême effort.

C'est à ce passé que des hommes dévoués à la cause populaire viennent vous demander de rester fidèle, comme prince et comme citoyen, en imprimant une direction nouvelle au parti napoléonien qui a conservé l'intelligence de ses origines et de ses traditions ; en contractant l'alliance avec le parti dont la République reste l'idéal ; en opposant le drapeau de Valmy et d'Austerlitz à l'étendard de Condé et de la Congrégation ; en prenant, comme les députés de Seine-et-Oise, l'engagement solennel devant lepays de faire respecter son droit souverain.

Si la leçon des événements n'a pas été perdue pour vous, vous devez comprendre que la France est un pays essentiellement et profondément démocratique ; qu'après tant de révolutions avortées et d'expériences douloureuses, il cherche encore en ce moment sa Constitution, c'est-à-dire l'organisation générale propre à son génie et capable de lui assurer l'ordre véritable, l'exercice des droits de l'homme et du citoyen, l'accomplissement des réformes devenues nécessaires, urgentes, le développement en même temps que la diffusion des idées, de l'initiative, de l'instruction, de l'activité industrielle, de tout ce qui fait la prospérité d'une grande nation, d'un peuple libre.

Cette organisation générale, cette Constitution ne peut plus être créée en dehors de la Nation, sans le concours de laquelle il est impossible d'établir désormais rien de légitime ni de durable. Elle doit satisfaire à la fois à tous les intérêts véritables, à toutes les aspirations du pays, sous peine d'être frappée de nullité par les événements et de provoquer cette révolte de tous les intérêts et de toutes les consciences, contre laquelle le gouvernement le mieux armé finit par être impuissant. On peut dire, que depuis 1793, aucune de nos Constitutions n'a accompli ce programme, et c'est là ce qui explique nos révolutions, dont il est temps de fermer à jamais l'ère sanglante.

Pour que cette Constitution donne à tous une satisfaction égale, il faut qu'elle ne soit ni octroyée ni imposée ; il faut qu'elle ne soit point une combinaison d'expédients imaginés par les maîtres du pouvoir pour assurer l'omnipotence gouvernementale contre les revendications du pays ; il faut qu'elle soit un contrat librement accepté par toutes les classes et par tous les partis, offrant à chacun des garanties de respect pour son droit, donnant à tous le pouvoir de l'exercer.

Le principe fondamental d'une telle Constitution est la Souveraineté nationale, déclarée inaliénable et inviolable. Ses premiers articles devraient être semblables à ceux de la Constitution de la République américaine, garantissant la liberté, les droits des citoyens contre lesquels il n'est permis à personne de légiférer ni d'attenter. Enfin, les clauses statutaires détermineraient une organisation qui assurerait aux intérêts conservateurs, dont M. Thiers est le représentant le plus autorisé, la sécurité, l'ordre et la régularité administrative ; — aux partisans des institutions républicaines, dont M. Gambetta est le plus populaire orateur, la participation aux affaires publiques, l'intégrité et la liberté du droit électoral ; — à la démocratie, dont nous défendons la cause, dont nous essayons de traduire et de propager les idées, la possibilité d'accomplir librement et pacifiquement les réformes tant attendues, dans lesquelles le peuple, qui veut vivre de son travail et qui meurt pour ses idées, a placé ses espérances.

Ce serait douter de l'intelligence politique de ceux

dont nous parlons, que de supposer qu'ils refuseront d'adhérer à ce contrat de la paix publique et de la Souveraineté nationale, conclu au grand jour, devant tout le pays. Aussi, invoquant votre passé même, aimant à croire que vous saurez subordonner, à la veille d'un événement décisif, des raisons de dynastie à l'intérêt supérieur de la patrie, nous venons vous demander d'apporter à ce contrat, sauvegarde des conquêtes de la Révolution dans le présent, sauvegarde de la paix publique dans l'avenir, la signature d'un Napoléon, qui sera respectée parce qu'elle rappelle, avec la légende glorieuse de Marengo, les victoires d'Italie!

Un acte semblable, que nous ne désespérons pas de voir accomplir par un prince, puisque des citoyens de la démocratie républicaine, disciples de Washington, ne craignent pas de le lui demander, pourrait réparer, s'il ne les effaçait, les malheurs de la France auxquels votre nom a été mêlé. Il créerait dans notre pays, si longtemps divisé, une foi politique supérieure aux hommes, une union patriotique, qui est la meilleure garantie de la sécurité, des libertés, du progrès et de la prospérité. Il rassurerait contre les dangers imaginaires d'institutions véritablement démocratiques, les conservateurs qui vous croiront, parce que vous êtes prince et homme d'Etat. Il ferait enfin cesser les dissensions cruelles, les haines aveugles entre les hommes d'un même peuple, qui, frères libres et réconciliés, comme disait un de nos an-

cêtres de la Convention, s'embrasseraient à la face
de la terre consolée et du ciel satisfait.

Que le génie de la Révolution et l'idée de la patrie
vous inspirent, Prince, et vous aurez dans l'histoire,
avec ceux qui vous proposent ce pacte et ceux qui
l'accepteront, l'honneur d'avoir, à l'heure où se prépa-
rait la restauration d'un régime condamné par la
conscience publique, sauvé la Souveraineté de la
Nation et défendu la Liberté d'un Peuple !

P.-S.

Réponse du Prince Napoléon

Paris, 26 septembre 1873.

Messieurs,

La franchise, l'imprévu de votre démarche me forcent à une réponse brève ; elle m'est dictée par les opinions de toute ma vie.

En face de la gravité, de la publicité de votre lettre, je ne dois pas garder le silence.

Le devoir de tout citoyen, à l'heure grave où nous sommes, est de ne pas sortir de la cité en péril comme les neutres de l'antiquité. Non, je ne suis pas neutre et je ne déserterai pas la lutte.

Je ne puis parler qu'en mon nom ; mais comment croire que ceux dont les cœurs vibrent au nom de Napoléon me désapprouvent !!

L'alliance de la démocratie populaire et des Napoléon a été le but que j'ai poursuivi dans tous les actes de ma vie politique. Soutenons notre drapeau en face des menaces du drapeau blanc, étranger à notre France moderne et que le prétendant ne pourrait abandonner que par un compromis et un sacrifice fait aux habiles de son parti. — Que vaudrait d'ailleurs cette concession de la dernière heure? Le règne des Bourbons ne saurait être que le triomphe d'une politique réactionnaire, cléricale et antipopulaire. Le drapeau de la Révolution abrite seul, depuis près d'un siècle, le génie, la gloire et les douleurs de la France; c'est lui qui doit nous guider vers un avenir vraiment démocratique.

Entre tous les défenseurs de la souveraineté du peuple, beaucoup diffèrent sur les moyens de l'appliquer; mais une entente commune, à l'heure actuelle, sur le principe même de cette souveraineté, est nécessaire et patriotique. Nous tous, citoyens de la société moderne, nous devons chercher à établir, par le suffrage universel, la vraie liberté basée sur les réformes qui sont la condition du salut de la France.

Oui, il faut oublier les dissentiments, les attaques, les luttes, les souffrances réciproques, les insultes même, pour affirmer le principe de la souveraineté nationale, en dehors duquel il n'y a que dangers, discorde et nouveaux désastres. Soyons unis pour déjouer des tentatives funestes, et formons ainsi la Sainte-Alliance des patriotes!

NAPOLÉON (Jérome).

Paris - Imp. Nouv. (assoc. ouv.), 14, rue des Jeûneurs.— G. Masquin et Cⁱᵉ.

www.ingramcontent.com/pod-product-compliance
Lightning Source LLC
Chambersburg PA
CBHW071703030726
47598CB00005B/2219